La constancia de lo invisible

Teresa Cuello

La constancia de lo invisible

Teresa Cuello

Editora Nómada

La constancia de lo invisible
Cuello, Teresa
Monterrey, México
Editora Nómada, 2018
66 págs., 14 x 21.6 cm.
ISBN: 978-607-98008-3-3

Tamazunchale 529
Fracc. Buenos Aires
Monterrey, Nuevo León
México, 64800

Primera edición, Monterrey, 2018

Edición: Katia Ibarra
Diseño editorial: Liv Mendoza
contacto@editoranomada.mx

© Teresa Cuello

Se prohíbe la reproducción parcial o tal de esta obra, por cual-
quier medio, sin previo permiso y por escrito del editor o el autor.

Impreso en México / Printed in Mexico

Índice

Prólogo

Cuando Silvia Plath escribió "Una mujer arrastra, circular, su sombra" en su poema Una vida un solo acontecimiento viene a mí: la poesía de Teresa Cuello... ¿en qué parte de la existencia los recuerdos se olvidan?, ¿en qué tiempo las fotografías dejan de ser valiosas? y ¿cuándo el ayer se convierte en perpetuación de las acciones? En La constancia de lo invisible la presencia de aquello que permanece en la vida es evidente a través de un viaje lingüístico que la poeta construye desde el primer poema y hasta el último.

A la manera de una obstinada coleccionista de recuerdos, la poeta almacena con palabras precisas, abstracciones netamente metafóricas y subterfugios lingüísticos una memoria eterna en donde el ritmo pausado y la acentuación prosódica, como la tónica, intervienen para dar paso una estructura muy particular: enunciación poética, pausa a través del espacio en blanco y el canto melódico donde "diminutas soledades nos besan" (Los Tiempos del César).

Zurciendo un vocablo con otro, el uso del lenguaje, el bueno uso, es conocerlo a fondo, sin mezquindades ni rebuscamientos, porque en el presente libro cada palabra está puesta en su justo sitio. En este sentido, cabe decir que la poesía de Teresa Cuello no se apega a una forma, sino que siempre se condensa en un estilo donde la melodía rítmica tiene presencia en la utilización de la coma ausente, donde el espacio tiene significados que se establecen con pausas, como un Mozart escribiente que se agota y deja que el corazón siga el ritmo poético, sin forzar la palabra ni su pronunciamiento.

Cada letra, seguida de su composición al hacerse palabra, está puesta desde la condición reflexiva, pero mucho más desde el orden poético. En este sentido, no significa que el "orden" haga referencia a lo inmutable; todo lo contrario, da pulso vía la naturaleza, ese camino en el que la poesía reside y donde solo basta una mano para hacerla viva con las palabras en constante hechizo de ser nombradas.

Por último, el gran poeta romano Horacio, en su Arte poética, dijo "la poesía, nacida y creada para deleitar el espíritu, si se aparta un poco de lo excelso, se precipita al abismo". Por supuesto, en el presente libro los pilares semánticos mantienen en equilibrio la música de La constancia de lo invisible, haciéndolo un documento poético notable.

Dedicatoria

A ustedes, Papá y Mamá, que son el amor constante.
A Javier, por dejar caer tus muros para existir juntos.
A mis hermanos y sobrinos, que han sido semilla y luz.
A Edna, Ángeles y Adriana, rimas de este canto.

I

"La poesía revela este mundo; crea otro"
Octavio Paz

AQUÍ COMIENZA EL JUEGO
y somos muchos los refugiados
los que vivimos entre parcelas
y agrios lunes a viernes,
nuestra felicidad es una bitácora
de fechas bajo la lluvia,
caducamos, y este es el acorde
que teje nuestra insistencia,
¿Somos acaso hilos de niebla que
rozan la vida en minúsculos instantes?
Es suficiente, en verdad se los digo,
jugar hasta irritarse.

MELODÍA PRIMERA

Somos un cascarón
nublado de sangre
el sueño de un par de niños
ocupados en el tiempo
la excepción que florece
en tinta hecha polvo
el rumor temido de los insectos
que aún así logran devorarnos
los testigos enredados
en los colores que otros
han dejado inertes.

A PUNTO DE CERRAR LOS OJOS
me veo en el viejo parque de la casa
siempre nocturno y lleno de fieras,
no llego ahí por azar,
es un proceso interminable
un código sin tablilla
que nadie se preocupa por descubrir
porque es demasiado hondo
como el lenguaje de una amiba.

EL PRIMER AÑO DE LAS COSAS
es siempre el más duro,
su insoportable incertidumbre
desata los peores monstruos,
la premonición es inservible
cuando todo lo que se aproxima
es una carta que no se sabe dónde caerá.
Por eso buscamos la permanencia,
el hábito que eventualmente nos corrompe
porque es lo mismo la miseria o la alegría
cuando se tiene un manual de supervivencia.

NO AMBICIONÉ TRAICIONES,
guardé mi cólera,
hice jardines con peñascos de otras tierras,
escuché el castigo sin resentir una mirada,
sostuve una rienda dócil entre los rebaños
y heme aquí,
desfigurando con palabras
mi oración pura.

SE HIZO ÚTIL LA PALABRA
descubrió el engaño constante de la luz
lo que se ve no siempre conduce a los justos
la costumbre de llevar los ojos abiertos no es un triunfo
los puentes se conocen por sus grietas
y el musgo cubre la huella del pájaro.
Uno es sólo un paseante
que madura entre epitafios.

ESTE CORAZÓN HONRADO
con su ventrículo filoso
estalla entre mis dientes
se hace añicos en la tierra.

LA PLUMA HÚMEDA
me coloca en las frecuencias
que el primer hombre
produjo sobre el mar.

SOBRE EL DÍA
mis palabras serruchan cada hallazgo,
el alimento se afana en la sangre,
en cada pájaro se urde
una estación serena
y con esta máscara de humanidad
la muerte se regocija
escurre su gesto
su danza desierta.

A VECES NO LOGRO DECIR
sólo imitar lo que se nos entrega

a veces esta no habilidad me oscurece
y no alcanzo a empuñar sobre la mesa la palabra

más bien, despliego una flecha
afilo los dedos.

EN EL ESPEJO MIRO LOS OJOS
que otros vieron,
folículos inconquistables,
el martillo de la noche,
la anatomía creciente de lo venidero,
sobrepoblación de restos
en el puntilleo de la impaciencia,
la ojera furiosa y movediza
aún sin maquillaje,
las goteantes hebras todavía oscuras,
en trance,
todo conectado en la superficie
donde empiezan todos los viajes.

EL POEMA ESTÁ HECHO DE GOLPES,
de manchas ocultas en el ojo
de nervios que encapsulan la inquietud de un viajero
de canciones y sus atmósferas
de frases que se aprendieron con el pecho pegado al
suelo
y también de ríos que nunca se visitaron,
el poema no puede ser más que esa flecha
que siempre está a punto de tocar todos los centros.

EL MUNDO SIGUE DESPIERTO
entro en él como un zumbido.
Cae su melena oscura
afila mi cuerpo.
Maduro ceñida a su musgo,
a su polvo.

ODIAR TIENE SENTIDO A VECES
así como pasar bajo una escalera,
porque no todo es la forma de lo dicho
o la incubación de la belleza,
algunas criaturas nacen de lamer ataduras
o de infamias que se repiten
en lugares comunes.

PUEDES VER QUE ESTE ROSTRO VA EN SERIO,
como un viejo refugiado recorre un desconocido mapa
donde aún no hay nombres
sólo cordilleras difusas creciendo sin cautela.

LUGAR FELIZ

Huyo hacia la cocina
donde mi madre ríe a vientre abierto
coloco mi oído en las flores de su vestido
en la tibia danza de la vida en pleno cortejo
porque el tiempo se convierte muy pronto en grosería
en bestia rasgada
en el filo de una lata.

SI LO ESCUCHAS,
la fruta hace el mismo sonido del caracol
al aferrarse a su cáscara.
El fuego paciente,
inocula formas recién nacidas
en el aroma de un guiso.
La uva maciza
se convierte en glándula
camino a la siembra.
Una especia,
cual espíritu callado
se diluye en la entraña.
Todo puesto en las manos,
cuyo compás se acerca
a la hechura de un recuerdo
que mantendrá siempre
las hornillas encendidas.

MIRA LA TURBA VENIR
todos aquellos hombres
hábitos de sol
son la pisada azarosa del tiempo,
mira la turba venir
pecadores y santos
en la brasa recomenzar
el hilo donde se agotó el hambre,
mira la turba venir
telaraña ruidosa
en el polvo hecho costra,
mira la turba venir
sobre tu patria alzar
su hierro en la llanura.
Mira la turba
que así sea.

ADIÓS A LA REINA

En el andar resinoso de la sangre
–en sus laberintos–
donde casi todo el tiempo
existe la amenaza de una célula vengativa
el cortejo genético se inflama
y se arropa en las cortezas de una palabra
que se vuelve maldita un buen día,
un nervio se ocluye como serpiente entre los huesos,
aparecen entonces las prolongaciones en frascos
equidistante manera de cercenar la colmena.
La reina imagina los efectos del retraso farmacológico:
la resta de su peso molecular,
el regocijo de su humo desatado en miligramos,
la migración pausada de cada músculo a otro estado
donde no habrá más estrellas
que obedezcan a su mirada en vuelo.

PUENTES NOCTURNOS

Ando sobre una colina de tibios aguijones
aquí no hay latitud,
sólo un extenso trópico cuesta arriba,
y estoy como quien fue tentado en el monte,
en un vado de hombres dormidos.

SE ACABA EL TIEMPO
voy a beber
a llenar de lava a esa niña
que vacila frente al cráter
a mirar el polvo que hierve
    en las cimas
a golpear el suelo sin pena a morir
a entrar en mi cuerpo
con la antorcha encendida.

II

En mi origen busco mi destino.
Li- Young Lee

LA RIBEREÑA

Podría narrar los viajes tal cual fueron
pero prefiero aliarme con sus fantasmas
con lo que queda en el espejo
mientras hablo sola,
como aquellas luces que corriendo
no bastaban para liberar en lo oscuro
a las montañas que había detrás,
o las casitas en las que mi vista no pudo descansar
desde el asiento trasero,
estuve atenta a las señales
rombos donde ingenieros tatuaron
la geografía de un terreno hacia el norte,
puentes, cruce de vías, arroyos secos,
kilometraje de ida y vuelta
o sucesión de nombres
que fijaron en la memoria
una lealtad a lo desaparecido,
con la esperanza de que los arroyos
volvieran a enlodarse
a sentir en el picoteo de las garzas
otro comienzo.

TIERRA SUELTA

Aquel mestizaje
piel morena de mi primera madre
sigue alimentándome de polvo,
la tierra era firme todo el año
bajo el árbol la abuela me cubría de santos
me enseñó a cortar el cielo
a no temer al relámpago
a ser silueta de agua en tierra seca
entre el maíz naciente
entre la cal que abriga a nuestros muertos,
que rencor no tener retorno
cierto es que he crecido
y el aroma de aquel techo de paja ya no es siembra
en el cuarto de la abuela ahora habitan lejanos frutos de
su carne
que nada saben de ese claustro
seguimos siendo sus huérfanos
domesticado ejército sin pueblo,
sin regreso.

POSTAL

I

Mi madre baila en el portal un twist
en el aire tibio su vestido es un alebrije
cazando el tiempo
y su cabello una oscura ronda de colmenas,
la miro cual fruto colgado del árbol
fértil miscelánea de atributos
que comienza a ser cuerpo
raíz que quiebra la tierra con su danza.

II

Acudo a su mirada limpia
a las cicatrices que aún no la envuelven
al tren que la trajo tocando el mundo
hasta esta región de sólidos aguaceros
donde puso sus noches
lejos de cualquier bola de cristal.

III

En la rama de tus ojos entrecerrados
te pido que sigas amaneciendo
que rompas más jarrones
y tires más piedras al río
porque desde aquí puedo
reinventar nuestro parto
esta vez no seré tu peor cicatriz
ni la culpable de tu andar oblicuo
seré una nueva fecha,
lejana de noviembre,

donde tus piernas no expongan
el lamento de dar vida.

IV

De niña, una noche me contaste la historia,
bíblica, entonces cierta,
de la noche de las velas benditas:
sólo ellas encenderán a los precavidos
y el resto será presa de demonios,
debes quedarte donde la oscuridad te cubra
porque no habrá caminos seguros,
ni hogar que te abra la puerta.

A LA NIÑA EN LA NIEVE

Qué lejos estás de saber
lo añejo de la palabra ausencia,
es aún tu mundo un vaivén de imágenes
que algún día resucitarás
para sentirte más cerca de ti misma.

Deseo abrirte muchas puertas
mientras duermes tranquila
en ese lejano bosque
que estará detrás de ti
cuando me leas.

Uno no elige las compañías
que lo eternizan,
es un lazo insospechable
que se amarra muy dentro
y se parecen a las olas
que alguna vez seremos.

MOISÉS

Él me recuerda la textura de las manzanas,
así nos hicimos amigos,
a mordidas,
y es normal que el fruto ceda a la semilla,
al cambio, a la edad y a lo rotundo,
pero él seguirá siendo
aquel que me salvó de la inundación
que atropellaba las calles
de su casa a mi casa.

LA CASA

Aún está en pie aunque ya se decide, vencida, a vender dulces a los perdidos que despiertan en la banca del parque.

Aún me habla, me habita, ¡tanto que me vi en ella! Tanto que en el azulejo se mantiene mi sueño pesado.

Aún me despiertan sus muros, las múltiples manos de pintura en el verano, toda la familia, a ratos acariciaba su fresca vestidura.

Aún me despido de ella recogiendo la misma piedra, la única que conservo como signo y trofeo de seis vidas que la dejaron convertirse en un montón de bloques ajenos.

Aún vierto la mirada sobre ella, cuando por antigua costumbre paso a su lado y me contengo, me contiene la vergonzosa cordura de no tener ya más, diez, quince, veinte años.

INSOMNIO

La niña bajo la almohada guarda amuletos,
los toca mientras reza
y no encuentra en aquella oscuridad
la paz que se tuerce en sus manos,
amuleto mío, dame tu corazón, la niña clama,
ve a la hermana dormida y valiente,
tan entregada al sueño como ella al sollozo,
entonces descubre que su cuarto y sus cosas truenan,
que la miran sin entregarse a ella
como lo hacen durante el día,
qué distante la mañana y su movimiento,
quizá su madre sienta su pesadilla
y la lleve a su regazo,
pero sólo la tenue luz del patio la saluda,
qué infame este circo de tinieblas,
lejos de sus oasis, amarra bien sus ojos a la cama,
aquella península ataviada de sábanas y presencias
que la caminan sueño a sueño.

LO MIRABA VENIR,
sentado en un escalón
con su vieja cara limpia
paseando un cigarrillo
entre sus garras,
en una esquina goteando llovizna
y su saco vistiendo todos los parques.
Cuando le abrí la puerta
la grieta fue enraizándose
entre sus cejas,
privilegio de ver nuestros cuerpos
en mudanza
como ópera de barcos
que van cercándose,
solos, hacia la siguiente ola.

LA NOCHE EN UN VIEJO VOLKSWAGEN
era el lujo antes de regresar a casa,
fuimos los amigos que abrieron puertas
a cualquier hora,
tomamos café y cerveza sin ambiciones,
caminando ligero
como quien huye de los finales.

ELE PE

El vecino es un viejo que
escucha a Roberto Carlos
los domingos muy temprano,
es como el abuelo
que habita una casa
con aroma a paistle y alcohol
en cuyos rincones silba el polvo
del barrio que lo va olvidando
como al plumaje que los pájaros mudan
en cables y azoteas.

TIME BOMBS

La dama argentina sube al avión

Dos hombres escuchan música religiosa
en un vestíbulo

desde la ventanilla, observa las maneras
en que circula la tierra,

a nuestros padres, obreros de escobas,
les mutilaron la sonrisa de un secuestro,

apenas puede moverse, las azafatas
le aprietan el cinturón, le llevan agua,

éramos prósperos entre los prósperos,
herederos sin escuela,

le espera día y medio para llegar a la casa de su hijo,
donde se extenderá su soledad, ciertamente,

oiga jefe ¿no tiene un trabajo para nosotros?
también conocemos la palabra de Dios,

hace dos años que Basilio no está,
ya no hay entregas sutiles que
se desplacen en el comedor,
el bastón es quien acomoda los sueños,

comemos frijoles en contenedores de plástico
y tortillas en papel al aire libre,
pronto seremos más los desplazados,

se escucha la voz del piloto que
anuncia la siguiente escala,
aeropuerto de Lima, son las cinco y treinta,
espera su traslado en silla de ruedas,

usted es buena persona "Don",
aquí los padrecitos nos dejan estar
barremos la banqueta de la iglesia
porque ya no tenemos a dónde volver,

Romualda Canseco Espino, de nacionalidad herida,
le sellan el pasaporte, la dejan entrar sin revisión,
ha ganado su derecho a la invisibilidad,

un día despertamos para vivir como lagartijas,
casi sin pellejo,

cinco horas hasta México, afiebrada sacude
sus frascos, píldoras para no llorar en el vuelo,

en la casa teníamos almendros y ríos
que nos daban sal y comida,

el hijo mayor la recibe, le ha preparado una cama,
su vejez habitará mejor en la planta baja,

pero si aún estamos aquí, será por algo, ¿no cree?

CLAP CLAP
despierto
los chicos se mueven
sobre la grava
mi sueño trepa
clap clap
mi cuerpo es silencio
órganos
regiones donde camina el tiempo
Un poco más
clap
su risa, sí, la de ellos
se desliza hacia dentro
golpea la pared
se multiplica
Mis ojos son agua
mi ojo verde
tornado
que sale sale
se sostiene en el techo
—Enseguida bajo—
el vestido
cambiará la máscara
olvidarán que existo para las ocho
pelo recogido
—ahí voy—
escalera
clap
Rocío en la ventana
un pedazo de sol
los alimentos de cada día
el rezo
las manos juntas
dicen las buenas familias
los manteles siempre listos

los trastes en su lugar
así se limpia el corazón
Cómo ha crecido la hierba
–sí, tengo mucho qué hacer–
mirar la hierba
clap clap
todos se han ido
me pierdo en este espacio sin gloria

Pienso en sus brazos
anoche me rodeaban
–inercia miserable–
qué ganas de salir huyendo
Soy la del vestido sonriente
–eres–
clap clap
Ellos han vuelto
–son las seis–
tienen hambre
complazco
reina por los siglos de los siglos
agonizo sin nombre

La ventana entreabierta
es mía la montaña
su pupila sumisa
Pienso en Dios
–eternidad–
Las rocas se bañan
no dejan de brillar
por estar quietas
clap clap.

TRUE SAVAGES

Todos los hombres matan aquello que aman.
Balada de la cárcel de Reading,
Oscar Wilde.

El perro aúlla en la casa de enfrente, aúlla en las hojas caídas de un árbol otoñal que se despide, no sé si tiene hambre o sed, mi otro corazón hubiera cruzado la calle para consolarlo, cambié de latido cuando lo escuché atrancado al cuello de su compañera y las cubetas de agua caliente no lo separaban por completo, quiso quedarse ahí, con los dientes ardiendo en ella, dentro de su respiración ensangrentada, eso quiso y aunque es sólo un animal, en el aullido se le arremolina la culpa porque sabe que nadie ha barrido las hojas de la banqueta, la sangre jamás se recupera, solo se pierde en la espuma de un día fatal que corre calle abajo, corre hasta alcanzar los canales donde desembocan los desaparecidos, el perro a veces se calla, desde mi ventana lo veo echarse en el lugar donde cometió el delito, resopla contra el azulejo su pena, busca su olor como lo hacen los verdaderos salvajes, ya no es aquella criatura que perseguía pájaros o aplastaba insectos, su lujuria creció, le devolvió su parte natural, encaramarse en la hembra ya no le era suficiente, tenía que devorarla, penetrarla toda hasta crearse la más vasta soledad, la que presintió mientras trababa su mandíbula en el cuello tibio del amor.

III

"Tú, como todos, eres lo que ocultas".
José Emilio Pacheco

TIEMPOS DEL CÉSAR

I

Algo en el aire se detiene
su fragilidad me sobrecoge
suspendido metros arriba de mi cabeza
trato de alcanzarlo
mas mi mano se vuelve pesada
al lado de él nace una luz de cometa
su tibieza acaricia mi rostro
sin llegar a tocarme deseo que lo haga,
la luz ahora se mueve en torno a mis pies
juguetea tranquila, explora,
no quiero moverme
ahora está en mi cintura
veo hacia arriba
rocas alrededor de la luna
mis ojos, insectos nocturnos
danzan cual si partitura de Mozart
fuera la visión.

Ahora estoy fuera del alcance del César
su esfera vaga en fosas lejanas
ven a esta visión tú que sabes
las armas del sueño,
en este lugar fluyen las estrellas
el color de Venus
el pozo de las virtudes perdidas.
La luz baja imitando mis rodillas
recuerdo de mi hermano perdido

alma fugaz separada de su cuerpo
que me busca oliendo mi pesadilla
planeta roto en círculos de ámbar.
Caminos donde voy rodeando
las calles al lado de extraños
hombro con hombro estoy perdida,
la luz regresa a mi cama
mi espalda llena de aire
me golpea contra las paredes
de pronto el bosque
dos hombres antiguos corren
mas observo cómo los consumen las ramas
aliento muerto,
de nuevo la luz, el rostro del César
miro mis manos
somos cómplices de muerte
esta vez la luz me ha hablado.

II

Es tiempo de la aurora
de la palabra destino
del borboteo de espinas
en la cima del sueño,
es tiempo de abrir los ojos descarados
caer en las garras del César
amigo del Norte
no hay nadie que detenga su camino
vendrá hasta aquí y soplará mis ojos
hasta que se acabe su fuerza
y levante su rostro de nuevo.
Grito su nombre sobre el meridiano
en el fondo del espejo sufre mi silencio
se agrieta mi sangre

en la espuma de sus manos
respiro despacio dentro de su lago
su estrella falsifica su brillo
y sonrío mutilada.

III

Me columpio en el espejo
cual maldición de siglos
me brotan líneas de sangre,
en mi pecho se coagula
todo lo sucio, lo permitido,
corta es la distancia
en este cerrar los ojos.

IV

Aprietas tu mano en mi rostro
las sirenas cantan
aún queda tiempo para calentarnos
en las capas de arena
tus brazos irrumpen mi costado
diminutas soledades nos besan
eres más dulce en los rizos de la noche
quiero ser el viento que te atraviesa
una gota fría en medio de tu corazón
es tiempo de frotar el agua
en tu cabeza luminosa.

V

La marea arrastra una estrella a la orilla de tus pies
es hora de abrir el caracol
de escuchar su llanto filoso
en la herida que mi vientre escupe,
el mundo da una vuelta
el viento aún tiene el color de tus ojos.

VI

Descansemos en el páramo
recordemos a Mozart
a veces lloro cuando huelo su tinta
y no encuentro su cadáver
en las hojas del árbol,
su alma dolorosa ronda mi sueño
y por mis puños derrama su sangre
entonces echo raíces en la tierra púrpura
busco las uñas de la muerte
el ruido de sus huesos perdidos.

CALIPSO
        ULISES

Mírame
la marea no me lastima
descanso en ella
junto a las aves
mojada como los arrecifes.

Aquí las aves son buenas
tus manos las alimentan
tu voz rompe sus alas.

Quédate conmigo
mira la noche
que es la raíz del tiempo
no nos ignora
su corazón se hace pedazos
dentro de ti.

Déjame ir
tus semillas seguirán creciendo
el mar borrará mi nombre de las piedras.

Escucha
la arena murmura
nuestras voces se hacen suaves.

No me necesitas
vuelve a ser diosa
invita a las sirenas
dales un nuevo nombre.

Observa
aquí todo es nuevo
el aire
tu sonrisa
mi piel
nada nos hará daño.
Alégrate
que el alba llega
y es nuestra.

SIGNOS

I

Ni una sola   ,   sobre el texto

absorto en su fluidez

el iris desciende por el teclado

cual rebaño que rasguña las mismas cosas sobre el

mantel

un dedo tras otro bajo el ámbar que

a las seis de la tarde

    ya desdibuja la pared

mientras el poema llega

festín impaciente en la novedad de octubre

II

Deshecha la **,** entro a la cavidad del **.** capitán de las
pausas
marginal siempre en el texto
ave en la mira
acaba con la letra que se oxida en la lengua
insomne hueco que transporta la idea de una tierra a
otra
punto por dentro y punto por fuera
insiste en cortar el aire en la tinta
su elemento hecho esencia

III

Apología del • y la ,

El poema la novela el ensayo el cuento el guión la nota la reseña la crónica el artículo el panfleto la carta el telegrama el fax los índices el correo electrónico los oficios el epílogo memorandos circulares el proverbio el refrán el chiste los impuestos la receta la historieta el versículo el evangelio los epitafios la canción la prosa el verso el directorio telefónico los anuncios el chat los subtítulos la página web los testamentos el blog la introducción el tuit el mensaje de texto el Génesis el prefacio el Apocalipsis los préstamos la epístola el salmo la biografía las leyes el diccionario **somos el colmo de la tinta** manantial inmóvil en las cadencias del pensamiento

IV

;

Resplandecientes en la blanca enredadera
círculo y curva
errantes en el llano de la fijeza
arquitectos de la memoria
pupilas y tímpanos que reverdean y se antiguan
unosobrelotro
      cópula de pausas
pareja extraviada en la mitad de un nuevo mapa

V

Unodostrescuatrocinco
en la hoja cae la hoja
las letras chorrean las calles
el pavimento está hecho de pe a uve i eme e ene te o
y Dios de cuatro letras que no son Dios
la brújula sigue a la letra
sobre el mar la espuma es un caligrama de la sal
el abecedario se besa
seissieteochonuevediez

VI

•••

Nunca más de tres
el viejo recurso de no decir más

El cuidado de la edición estuvo a cargo de la autora y la publicación fue realizada por Editora Nómada (Monterrey, Nuevo León). Se empleó la tipografía Georgia.

www.ingramcontent.com/pod-product-compliance
Lightning Source LLC
LaVergne TN
LVHW041435170726
843492LV00008B/2619